SUITE AUX MÉMOIRES

SUR

LA CAPTIVITÉ

DES

PRISONNIERS

FRANÇAIS

EN ALGÉRIE, DE 1845 A 1846.

PARIS,

TYPOGRAPHIE FÉLIX MALTESTE ET Cie,

18, RUE DES DEUX-PORTES-SAINT-SAUVEUR.

1847

SUITE AUX MÉMOIRES

SUR LA CAPTIVITÉ

DES

PRISONNIERS FRANÇAIS

EN ALGÉRIE, DE 1845 A 1846.

La deyra se compose des familles arabes dévouées à Abd-el-Kader ; tout ce qui est apte à porter les armes, à l'exception des nègres appartenant aux chefs, campe avec la Mâla au camp de l'Émir. Ces derniers ont la surveillance des femmes en l'absence de leurs maîtres, et partagent avec les chiens la garde de la royale tribu. Abd-el-Kader en habite le centre ; la beauté du site, l'ombrage dans les fortes chaleurs, la proximité de l'eau, n'entrent pour rien dans le choix de l'emplacement, lors des fréquens changemens auxquels l'Arabe est assujéti, soit à cause des paturages qui viennent à manquer aux troupeaux, soit pour se préserver de la vermine qu'engendre dans peu de temps cette réunion compacte de misère et de haillons. Souvent, la deyra se trouve à deux lieues d'une faible source ou de quelque citerne suffisant à peine pour abreuver les bestiaux. Les femmes et les enfans viennent y puiser pour leur usage, dans des outres en peaux de chèvres, une eau croupie et nauséabonde qui, la plupart du temps, exhale une odeur fétide et insupportable de chameau ; mais l'Arabe y est tellement habitué, que cette considération entre ordinairement pour peu dans l'établissement du parc.

Les familles sont abritées sous des tentes en poil de chameau ; des entourages de buissons divisent chaque douair dont des chefs ou grands, souvent même le plus ancien de famille, se partagent la souveraineté Sous ces larges parasols soutenus au moyen de cordes et de pieux, les femmes s'occupent des soins de famille, tissent des burnouss et des haïcs, tournent le moulin et préparent le couscouss ; les enfans y pullulent vêtus à peine de quelques lambeaux d'étoffe, hideux de maigreur et de malpropreté. La plupart venaient roder chaque jour autour de l'enceinte où nous étions détenus, pour chercher dans les ordures, avec l'horrible intelligence de la faim, quelques grains de raisins secs, quelques miettes de pain balayées hors de notre tente.

Un grand nombre meurt de besoin ; dans les chaleurs les plus intenses, dans les froids les plus rigoureux, ils sont littéralement nuds : pour résister à tous ces maux, il faut une organisation extraordinaire ; ceux-là, seuls qui en sont doués par la nature survivent, et en général deviennent des hommes forts et robustes.

Les femmes portent leur nourrisson sur le dos, enveloppé dans un haïc qu'elles consolident par un nœud sur le devant du corps. Ce fardeau ne les empêche de vaquer à aucun de leurs travaux ; elles bêchent la terre, coupent du bois avec leur enfant sur le dos. Ce mouvement, qui semblerait devoir briser tous les membres d'un être aussi frêle, ne le dérange point dans son sommeil ; sa pauvre petite tête nue et rasée pend hors de son étroite prison de langes, et suit toutes les oscillations, tous les mouvemens saccadés de la mère, sans que pour cela son repos en soit interrompu.

Les femmes mariées au même maître, et dont le nombre dépasse rarement trois, vivent entre elles en assez bonne intelligence ; chacune d'elles a son jour et sa nuit ; chacune a sa tente particulière. La religion de l'Arabe le rend scrupuleux au dernier point sur ses devoirs envers ses épouses, et il ne se permettra jamais d'entrer dans la tente de l'une de ses femmes, si ce n'est son tour de faveurs.

Le chef Hady-Bachir, marié à Zoléka la française et en même temps à une autre femme arabe, restait à vingt pas de sa tente lorsque nous allions voir notre compatriote, s'il ne cohabitait ce jour là avec elle; mais s'il en était autrement, il entrait avec nous, faisait avec aisance les honneurs de sa tente, et ne craignait pas de nous faire l'éloge de la malheureuse prisonnière. Cette bonne harmonie entre épouses du même musulman, n'est cependant réelle que devant le maître, dont le visage sévère et souvent les mauvais traitemens imposent au bercail femelle. En son absence, la haine, la jalousie, toutes les passions brutes se ravivent; des combats au couteau terminent ces dissensions, et le sang de la mauresque se révèle et jaillit souvent dans toute sa bouillante chaleur.

S'il faut en croire la femme Giles, rentrée avec nous de captivité, elle n'aurait obtenu sa liberté qu'en promettant à une des femmes de l'Émir de lui envoyer de France du poison pour en faire usage contre une de ses rivales, nouvelle épouse qu'Abd-el-Kader a ramenée dans sa dernière excursion de 1846.

Je profiterai de cette digression pour demander, au nom de l'humanité, s'il ne serait pas de la dignité de la France de faire quelques démarches pour retirer des mains de ces barbares, une pauvre enfant qui, depuis six ans gémit de toutes les misères que Dieu peut accumuler sur une tête humaine. M. Mirandole, prisonnier longtemps avant nous, lui a dû bien des adoucissemens dans ses malheurs, et nous tous, oublierons-nous jamais de quel secours elle nous fut, et quel empressement elle mit à nous accueillir?

Qu'on juge ce qu'il y a eu de déchirant pour elle, dans une séparation qui ne nous rendait à la liberté que pour lui faire ressentir davantage toute l'horreur de sa position, et la rejetter seule, abandonnée, dans l'abîme sans fond où elle est plongée. Son sort est affreux : délaissée par un misérable Arabe qui l'a répudiée après l'avoir rendue mère, obligée de se réfugier sous la protection de l'Émir, elle vit de la pitié de ses femmes, et de quelques ouvrages de main qui suffisent à peine à lui fournir le grain nécessaire pour sa subsistance et celle de son enfant.

Les Arabes tiennent aux femmes; surtout lorsqu'elles sont jeunes et jolies; Zoléka réunit malheureusement ces deux conditions : elle a été contrainte, en épousant Hady-Bachir d'embrasser le culte mahométan; c'est un lien de plus : elle connaît la langue arabe, et sert, dans l'occasion, d'interprête à l'Émir; c'est encore une condition qui doit faire supposer qu'il se débarrasserait difficilement d'elle; mais, *avant tout*, Abd-el-Kader et ses chefs aiment l'argent, et il y a cent à parier contre un, que devant une telle proposition, toutes les difficultés imaginables s'applaniraient.

Si notre politique actuelle vis-à-vis de l'Émir est un obstacle à toute convention, à tout accord (certitude qui ne nous a été que trop bien démontrée durant notre captivité), ne peut-on, dans cette occasion, user comme nous l'avons fait, de l'obligeance de M. le gouverneur de Melillia pour proposer à Abd-el-Kader la rançon de cette malheureuse Française. Nous avons averti M. Démétrio que quelques femmes espagnoles se trouvaient également retenues de force par l'Émir; il nous a assuré qu'il allait faire des démarches pour hâter leur délivrance. Serons-nous inférieurs à de pareils sentimens d'humanité?

Nous avons solennellement promis à la pauvre prisonnière de parler pour elle à notre rentrée en France; c'était un devoir consciencieux que j'avais à remplir, et, en même temps, un tribut de reconnaissance que nous lui devions. Dieu veuille que ma voix soit entendue de mon pays!...

Le douair de l'Émir est entouré de petites tentes en toile destinées à ses esclaves. Ses femmes et sa mère habitent sous des tentes en poil de chameau : une autre, beaucoup plus vaste lui tient lieu de salon de réception ; ses chevaux sont parqués tout autour, et leur espèce choisie est la seule distinction qui le fasse reconnaître d'entre les chefs qui l'environnent. Chez lui comme chez ses femmes, même simplicité dans la manière de vivre ; le burnouss, haïc blanc sans ornemens, l'équipement de ses chevaux sans aucune broderie, pendant que ses moindres chefs ont des selles et des harnachemens brodés d'or et soie. Sa manière de vivre est aussi simple que celle du dernier Arabe ; le couscouss en fait tous les frais. Le colonel Courbi, invité à déjeûner par l'Emir, nous rapporta à ce sujet qu'il avait été beaucoup mieux traité chez l'Hady-Habib, son intendant civil.

L'Emir, dans ses longs et aventureux voyages, vit presque toujours de simple farine d'orge délayée dans un peu d'eau.

Abd-el-Kader peut avoir de trente-huit à quarante ans ; il est petit de taille ; sa figure est spirituelle et rusée, ses traits fort délicats : il regarde rarement en face, et tient presque toujours les yeux baissés en causant. Quand il interroge, il roule machinalement son chapelet dans ses doigts, et semble attendre, en souriant avec finesse, la réponse qu'on va lui faire.

Il vient au camp presque toujours sans suite ; mais ses soldats, habitués à le reconnaître de loin, s'approchent avec empressement de lui ; chacun l'entoure et baise ses étriers ; alors il arrête son cheval, et attend avec bonhomie que ce tribut d'adoration lui soit rendu, puis il se rend à une tente qui lui est dressée au milieu de la Mâla, fait ses ablutions, et s'accroupit sur un simple tapis de joncs, en attendant ses chefs qui, prévenus de son arrivée, vont immédiatement lui rendre leurs hommages et recevoir ses ordres.

C'est là qu'il reçoit aussi, les jours de marchés, tous les chefs de tribus. Il fait la justice lui-même ; en son absence, il est remplacé par un kalifa. La peine suit aussitôt le prononcé du jugement; les coupables sont punis suivant la gravité du délit : du bâton, de l'amende, des fers ou de la peine de mort. Le vol est châtié sévèrement, et entraîne une peine de cinquante à cinq cents coups de bâton ; le sang ruissèle habituellement pendant l'opération, et le patient ne peut retourner à son domicile que soutenu ou porté par les *chaouss* (bourreaux). On peut se racheter de la peine de mort au moyen d'une somme d'argent, lorsque les parens de la victime veulent adhérer à cette convention avec le meurtrier. Le caïd de Msirda, soupçonné de trahison par l'Emir, et que ce dernier tenait aux fers depuis près de trois mois, pendant notre captivité, s'est racheté également, et a obtenu sa mise en liberté, moyennant une somme de mille douros.

Je citerai, à cette occasion, un acte de haute barbarie, qui s'est passé sous nos yeux, au mois de septembre 1846, à dix pas de notre tente.

Un Marocain des montagnes du Rif, dont les tribus sont soumises à l'Emir, avait assassiné son frère : il fut pris et conduit devant Abd-el-Kader. Le jour du krémis (marché), on le conduisit à la tente de l'Émir, pour y être jugé ; le père était présent, demandant justice au nom de la victime. L'Emir condamna le coupable à mort, et dit au père qu'il pouvait le racheter moyennant une somme qu'il désigna, et qu'on nomme *prix du sang* ; ce dernier refusa, et s'offrit à être l'exécuteur de son second fils. Le Marocain, enchaîné, était devant la tente d'Abd-el-Kader, entre deux haies de soldats, prêts à le fusiller ; le père arriva par derrière lui, un pistolet chargé à la main, lui appliqua la bouche du canon derrière l'oreille, et lui fit sauter la cervelle ; puis, essuyant froidement son arme, il laissa le cadavre où il était, et retourna au marché, comme si rien ne se fût passé. Les femmes vinrent enlever le corps dans la soirée, en se déchirant le visage de leurs ongles.

La Mâla, ou camp de l'Emir, est la fraction combattante de ses sujets ; elle se compose de sept ou huit cents cavaliers, et de six cents fantassins réguliers environ. Le camp est presque toujours commaudé par un kalifa. Les soldats logent dans des gourbis ou cabanes en feuillage ou en alpha, qu'ils se construisent pour trois ou pour quatre. Les chefs ont une tente, indépendamment de leur gourbi.

Le camp et la deyra reçoivent de l'Émir une distribution journalière d'orge; quelquefois, mais rarement, du blé. Un Arabe remplit les fonctions de comptable, sous la surveillance de l'Hady-Habib, qui achète les grains et se fait rendre compte des distributions.

L'Emir partage avec ses sujets le produit de ses razias; son retour est presque toujours signalé par des distributions extraordinaires d'argent et de troupeaux. Affable avec tout le monde, le plus misérable comme le plus riche peut prendre place à ses côtés. Pour se faire une idée de l'affection et du dévoûment fanatique dont il est entouré, il suffira du fait suivant, qui nous a été rapporté par celui même dont je parle.

Un de ses crodyas (écrivains), Si-Barka, nous racontait qu'en 1841 sa famille entière, habitant Mascara, lui écrivit que s'il voulait rentrer et quitter l'Emir il serait bien reçu des Français, et qu'il trouverait chez ces derniers bon accueil et bonne solde, en servant dans le corps des spahis, pendant qu'il n'avait que misères auprès de l'Emir. Abd-el-Kader intercepta cette lettre, fit venir Barka et lui dit « Voilà ce que t'écrit ton père; tu peux partir si tu veux; si ta religion ne te retient pas près de moi, te es libre. »

Si-Barka lut la lettre, la rendit à l'Emir, et lui dit :

« Mon père, ma famille, ma maison : c'est toi;

« Ma religion : c'est toi;

« Je mourrai pour toi et près de toi;

« Si Dieu me rend aux miens, c'est quand il te rendra » ton pouvoir et notre pays. »

La plupart des serviteurs de l'Emir sont criblés de blessures; leur manière de se traiter est fort simple : ils bouchent la plaie en la couvrant de terre ou d'un enduit de goudron; dans les fractures ils couvrent cet enduit de roseaux qui se joignent et sont fortement resserrés par des liens. Il en est peu, malgré cela, qui succombent à leurs blessures ou attendent une parfaite guérison pour reprendre leur vie aventureuse.

L'Emir exerce souvent ses fantassins au tir à la cible; c'est une fête au camp que ce jour là, car l'Arabe aime par-dessus tout à brûler de la poudre. Une pierre placée en avant du camp sert de but, et chacun tire à volonté. Nous avons assisté à deux grandes manœuvres commandées par l'Emir lui-même; fantassins contre cavaliers : les Créalas entouraient les réguliers disposés en tirailleurs, ces derniers simulaient une retraite, et, se formant en carré sur un rang seulement, opposaient la bayonnette au nez des chevaux; c'était en un mot l'imitation la plus grotesque d'un ralliement sur une réserve; tout cela, accompagné de cris sauvages, de coups d'yatagan sérieusement distribués dans la chaleur de l'action, donnait aux Marocains qui assistaient en foule à ces tournois une idée extraordinaire de la tactique et du pouvoir de l'Emir; aussi semblaient-ils nous dire avec orgueil :

« Hein! qu'en dites-vous ? »

La prière se fait au camp quatre fois par jour; elle est précédée des ablutions d'usage; si l'eau manque, l'Arabe prend un caillou avec lequel il simule l'ablution en le pas-sant sur ses membres; les derwiches ou crieurs font en-tendre leur appel, chaque chef réunit ses serviteurs, on se place sur un rang face à l'orient, le chef tient la droite et un marabout placé en avant commence la prière pendant la-quelle les Arabes se prosternent cinq fois le front touchant la terre.

En voici la traduction :

Dieu est grand (2 *fois*).

Il n'y a de Dieu que Dieu (2 *fois*).

Mahomet est le prophète de Dieu (2 *fois*).

Venez à la prière (4 *fois*).

Dieu est grand (2 *fois*).

Il n'y a de Dieu que Dieu.

La plupart des grands qui entourent l'Emir désirent la paix avec nous ; paix franche, non ; mais un sursis qui leur rendrait leurs familles, car ils sont hommes avant tout ; une trêve qui les mettrait à même de secouer la misère dans laquelle ils végètent, de se monter de nouveau en chevaux, en armes, en vêtemens, après quoi ils reviendraient à leur Dieu.

L'entourage d'Abd-el-Kader lui est fidélement soumis ; les chefs pourraient sans danger l'abandonner s'ils le voulaient ; aucun d'eux n'ignore qu'il trouverait chez nous bon accueil ; mais, indépendamment des jouissances que l'Arabe né libre trouve dans cette vie nomade, dans cette existence de privations, de rapines, de combats et de hasards, un lien indissoluble l'attache à l'Emir, celui du fanatisme et de la religion. Ils ont la conscience de notre supériorité ; mais sous l'impression de leur chef ils rèvent un avenir meilleur, et attendent, confians en l'avenir qui ne leur apporte, depuis seize ans, que défaites, que déceptions !...

Ils frappent du cachet de leur mépris ceux qui, tour à tour, embrassent notre cause et la leur, et se font un mérite et une juste gloire de n'avoir jamais servi que leur chef.

Abd-el-Kader a fait des ouvertures de paix avec la France, lors de notre rentrée de captivité. Il y était contraint par les vœux de la plupart de ses chefs qui, depuis six ans, gémissent sur le sort de leurs enfans, de leurs pères, de leurs épouses, détenus prisonniers à Sainte-Marguerite. Les Arabes n'entendent par ce mot *paix* que la reddition des leurs, que la promesse de nos généraux de ne plus les inquiéter sur le sol qu'ils occuperaient et qu'ils pourraient librement cultiver. Quand à l'espoir de rentrer dans les points soumis à notre domination ils n'y songent pas et sont convaincus de cette impossibilité.

Etre à l'abri de nos attaques pendant quelque temps ;

s'organiser une nouvelle armée; se monter en chevaux, en armes; raser de temps en temps quelque tribu récalcitrante, voilà l'ambition de l'Emir. Quant à renoncer à tout jamais à nous faire la guerre, je n'y crois pas, et, pour donner plus de poids à ce que j'avance, je citerai à ce propos ces propres paroles d'Abd-el-Kader qui nous ont été raportées par Zoléka.

« Quand je n'aurai plus de chevaux pour faire la guerre » aux chrétiens, je leur ferai la guerre à pied; quand je » n'aurai plus de fusils, je leur ferai la guerre à coups de » pierre. »

Chaque expédition de l'Emir, succès ou déroute, est célébrée comme victoire et chantée avec emphase par des marabouts chez les caouadjis (cafetiers). On s'y rend en foule, le café circule à la ronde, les chanteurs sont établis au centre, et par d'interminables couplets récités d'une voix lente et nazillarde, racontent les hauts faits qui viennent d'avoir lieu, en accompagnant chaque refrain du bruit retentissant du tamtam et de la flûte en roseau.

La nuit entière se passe ainsi en chants de guerre ou chants religieux : les auditeurs fument paisiblement, assis en cercle autour des artistes, et cette longue psalmodie n'est interrompue que par le cri du garçon de café, qui, à chaque tasse qu'il distribue, pousse un gémissement sonore et prolongé et terminé par le nom de celui qui l'a offerte.

Dans la position exceptionnelle où nous avons été placés pendant quatorze mois, puisque, prisonniers de l'Emir, nous nous trouvions sur le territoire marocain, au milieu des Marocains, nos bons amis, tous cependant les très humbles serviteurs d'Abd-el-Kader, nous avons souvent cherché à deviner dans quels termes d'intelligence ou d'amitié pouvait se trouver l'Emir vis-à-vis du Maroc. Sans prétendre faire adopter ma conviction, voilà, d'après ce que j'ai vu, j'ai entendu, ma croyance et mes conclusions formelles à cet égard,

L'Émir et l'empereur du Maroc s'entendent comme deux larrons en foire et nous jouent par dessous jambe.

Muley Abderakmann poussé vivement par la France à obtenir notre délivrance, a fait toutes les promesses imaginables et n'a rien tenté pour cela.

Le massacre de nos hommes a eu lieu ; l'Émir et ses chefs nous ont fait entendre, nous ont fait écrire à nos généraux que c'était parce que le Maroc voulait agir par la violence et s'emparer des prisonniers de vive force. Nous n'avons pas vu à cette époque l'ombre d'un Marocain ; mais n'était-il pas de l'intérêt de Muley Abderakmann, de faire croire à la France qu'il était intervenu pour notre délivrance, et que cette intervention seule qui avait déplu à l'Émir lui avait dicté cet extrême moyen ? N'était-ce pas engager par cela même nos généraux à ne plus menacer le Maroc, à ne plus l'obliger à faire des tentatives de délivrance à notre égard, et laisser par ce moyen à l'Émir, qui spéculait autant sur ses sept officiers prisonniers que sur tout le détachement, les mêmes espérances réalisables par l'échange ou l'argent?

Immédiatement après le massacre, la deyra qui était campée dans les environs de Glaïa, s'est retirée dans la montagne, à deux lieues de là. Les Arabes n'ont pas manqué de nous dire que cette retraite était forcée par le Maroc. Dérision !... puisque, de ce moment, nous n'avons fait que pénétrer plus avant sur leur territoire ; puisque les marchés n'étaient approvisionnés que par eux. Cette démonstration eût dont été tout à fait factice ; mais, je le répète, aucune démonstration n'a eu lieu.

Au mois de janvier, quand une colonne française a fait une pointe sur la Mélouïa dans l'espérance de nous atteindre, c'est un chef marocain qui nous a dirigés dans les environs de Glaïa pour nous mettre à l'abri de toute poursuite. La deyra s'était réfugiée tout près de cette ville.

Depuis le mois de juillet, époque du retour de l'Émir (son expédition a duré dix mois), nous n'avons fait que pénétrer plus avant dans le Maroc, et nous étions, au moment où nous avons été rendus, à une journée de marche de Taza, et trois journées de Fès.

L'Émir reçut, quelque temps auparavant, un détachement d'une quarantaine de cavaliers réguliers marocains commandés par deux chefs qui lui furent présentés, porteurs de dépêches de Muley Abderakmann. Ces cavaliers campèrent au milieu de la Mâla, à vingt pas de notre tente, et repartirent le lendemain pour Taza. L'objet de leur mission, d'après le dire des Arabes, était de donner l'ordre à l'Émir de quitter le terrain que nous occupions, avant la fin du Rhamdam (nous étions au vingtième jour de cette fête qui en dure trente), et de le prévénir que, dans le cas contraire, Muley Abderakmann lui déclarait la guerre. Abd-el-Kader, nous ajoutaient les chefs, aurait répondu: « Qu'il restait où il se trouvait, de gré ou de force, et qu'il attendait qu'on vienne l'expulser par les armes. »

Est-il présumable, je le demande, si, comme les chefs arabes nous le disaient, un camp de cavaliers marocains fort de deux mille hommes, se trouvait à six lieues de là, tout prêt à chasser l'Émir, menaçant à toute heure de s'emparer du camp et de la deyra; est-il présumable, dis-je, qu'en ce moment même, l'Émir eût abandonné son camp et sa deyra pour aller faire une razia à soixante lieues de là, chez les Amiamm, en laissant tout au plus trois cents hommes pour la garde de ses familles et de ses troupeaux? C'est cependant ce qui a eu lieu. Les marchés fournis par les Marocains se tenaient, en l'absence de l'Émir, à cent pas de sa deyra, et nulle tentative d'expulsion n'a été faite.

Muley Abderakmann a intérêt près de nous à se faire croire ennemi de l'Émir pour justifier notre séjour de quatorze mois comme prisonniers sur son territoire, lui l'allié de la France! mais un intérêt plus grand l'attache à ménager l'Émir, qui deviendrait pour lui un puissant auxiliaire si notre désir d'envahissement nous faisait empièter un jour sur son territoire ; c'est donc en le protégeant secrètement, en lui laissant, comme indemnité, l'achour ou impôt de toutes les tribus limitrophes, que l'empereur du Maroc, qui, s'il était son ennemi pourrait l'écraser d'un seul coup, se ménage dans l'Émir un ami et un défenseur expérimenté pour l'avenir.

169